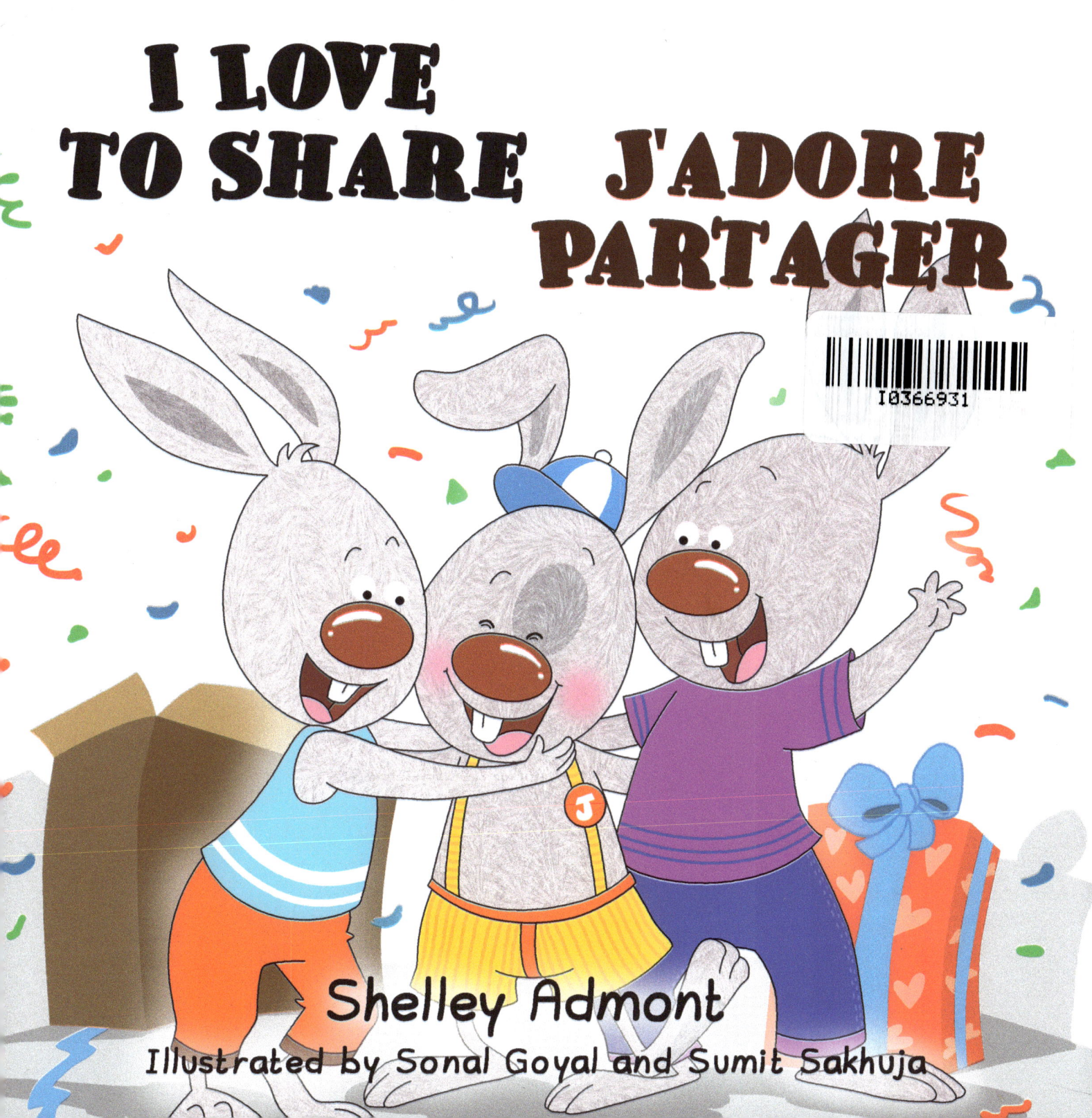
I LOVE TO SHARE
J'ADORE PARTAGER

Shelley Admont

Illustrated by Sonal Goyal and Sumit Sakhuja

www.kidkiddos.com
Copyright©2015 by S.A.Publishing ©2017 by KidKiddos Books Ltd.
support@kidkiddos.com

All rights reserved. No part of this book may be reproduced in any form or by any electronic or mechanical means, including information storage and retrieval systems, without written permission from the publisher or author, except in the case of a reviewer, who may quote brief passages embodied in critical articles or in a review.
Second edition

Translated from English by Sarah Dugloud
Traduit de l'anglais par Sarah Dugloud

Library and Archives Canada Cataloguing in Publication
I Love to Share (French Bilingual Edition)/ Shelley Admont

ISBN: 978-1-5259-1173-6 paperback

ISBN: 978-1-77268-499-5 hardcover

ISBN: 978-1-77268-063-8 eBook

Please note that the French and English versions of the story have been written to be as close as possible. However, in some cases they differ in order to accommodate nuances and fluidity of each language.

For those I love the most–S.A.

Pour ceux que j'aime le plus–S.A.

"Look at how many new toys I have," said Jimmy the little bunny, looking around the room.

– Regardez combien j'ai de nouveaux jouets, dit Jimmy le petit lapin, en regardant tout autour de lui.

His birthday party was over and the room was full of presents.

Sa fête d'anniversaire était finie et la chambre était pleine de cadeaux.

"Oh, your birthday party was so fun, Jimmy," his middle brother said.

– Oh, ta fête d'anniversaire était tellement amusante, Jimmy, dit son frère cadet.

"Let's play," said his oldest brother. He took the largest box. "There's a huge train inside!"

– Jouons, dit l'aîné en prenant la plus grande boîte. Il y a un immense train à l'intérieur !

Suddenly, Jimmy jumped to his feet and grabbed the box. "Don't touch it! It's my train!" he cried. "All these presents are **MINE!**"

Soudain, Jimmy se leva d'un bond et attrapa la boîte. – N'y touche pas ! C'est mon train ! cria-t-il. Tous ces cadeaux sont À MOI !

"But, Jimmy," said the oldest brother, "we always play together. What happened to you today?"

– Mais, Jimmy, dit le frère aîné, nous jouons toujours ensemble. Qu'est-ce qui t'arrive aujourd'hui ?

"Today is MY birthday. And these are MY toys," Jimmy screamed.

– Aujourd'hui, c'est MON anniversaire. Et ce sont MES jouets, cria Jimmy.

The oldest brother glanced out the window. "We better go play basketball," he said. "It's nice and sunny today."

*Le frère aîné jeta un coup d'œil par la fenêtre.
– On ferait mieux d'aller jouer au basket, dit-il. Il fait beau aujourd'hui.*

The two bunny brothers took a ball and went outside. Jimmy stayed in the room on his own.

Les deux frères lapins prirent un ballon et sortirent. Jimmy resta seul dans la chambre.

"Yeah!" he exclaimed. "Now all the toys are for me!"

– Ouais ! s'exclama-t-il. Maintenant tous les jouets sont pour moi !

He took a large box and opened it happily. Inside he found a rail trail and a new colorful train. He just needed to put the rail trail together.

Il prit une grande boîte et l'ouvrit gaiement. À l'intérieur il trouva un circuit de chemin de fer et un nouveau train coloré. Il devait juste assembler les rails.

"Oh, these pieces are too small!" he said, holding the rail trail parts. "How should I connect them together?"

– Oh, ces pièces sont trop petites ! dit-il, en tenant les morceaux du chemin de fer. Comment dois-je les relier ensemble ?

Somehow he built the rail line, but it came out crooked. When he finally turned on his new colorful train, it got stuck on the track.

Tant bien que mal, il construit le chemin de fer, mais il était tordu. Quand il démarra finalement le nouveau train coloré, celui-ci resta coincé sur les rails.

Jimmy looked around and spotted another box.

Jimmy regarda autour de lui et repéra une autre boîte.

"No worries. I have more new toys," he said and took another present. Inside there were superhero toys.

– Pas de souci. J'ai plein d'autres nouveaux jouets, dit-il en prenant un autre cadeau.
À l'intérieur il y avait des figurines de super-héros.

"Wow!" exclaimed Jimmy. He started to run around the room with new superhero toys in his hands.

– Waouh ! s'exclama Jimmy.
Il se mit à courir dans toute la chambre en tenant les super-héros dans ses mains.

Soon he became tired and bored. He tried everything. He played with his favorite teddy bear and he even opened all his presents, but it was not fun at all.

Bientôt, il s'en lassa et s'ennuya ferme. Il essaya tout. Il joua avec son ours en peluche favori, et ouvrit même tous ses cadeaux, mais ça n'était pas du tout amusant.

Jimmy watched through the window and saw his brothers playing cheerfully with their basketball. The sun was shining brightly, and they were laughing and enjoying themselves.

Jimmy regarda par la fenêtre et vit ses frères qui jouaient avec entrain au basket. Le soleil brillait fort, ils rigolaient et s'amusaient bien.

"How are they having so much fun? They only have one basketball!" said Jimmy. "All the other toys are here with me."

– Comment peuvent-ils autant s'amuser ? Ils ont seulement un ballon de basket ! dit Jimmy. Tous les autres jouets sont ici avec moi.

Then he heard a strange voice.

Puis il entendit une drôle de voix.

"They SHARE," it said.

– Ils PARTAGENT, dit-elle.

Jimmy looked around the room, staring at his bed where his teddy bear sat. The voice came from *there*.

Jimmy regarda dans sa chambre, en fixant son lit où son ours en peluche était assis. La voix venait d'ici.

"What?" he whispered.

– Quoi ? murmura-t-il.

"They share," repeated his teddy bear with a smile.

– Ils partagent, répéta son ours en peluche avec un sourire.

Jimmy looked at him amazed. He never thought that sharing could be fun.

Jimmy le regarda stupéfait. Il n'avait jamais imaginé que partager pouvait être amusant.

Jimmy shook his head. "No…I don't like to share. I love my toys."

Jimmy secoua sa tête.
– Non… Je n'aime pas partager. J'adore mes jouets.

"Try it," insisted his teddy bear. "Just try it."

– Essaie, insista l'ours en peluche. Essaie juste.

Meanwhile the weather changed. Dark clouds covered the sky and large raindrops started falling to the ground.

Puis le temps changea. Des nuages sombres couvrirent le ciel et de grosses gouttes de pluie commencèrent à tomber sur le sol.

Laughing, the two bunny brothers ran into the house.

En rigolant, les deux frères lapins coururent à la maison.

"Oh, you're all wet," said Mom. "Go change your clothes and I'll make you hot chocolate."

– Oh, vous êtes trempés, dit maman. Allez vous changer et je vous ferai un chocolat chaud.

"Come, Jimmy, do you want hot chocolate too?" she asked. Jimmy nodded.

– Viens, Jimmy, veux-tu aussi un chocolat chaud ? demanda-t-elle.
Jimmy hocha la tête.

Mom opened the fridge to grab the milk. "Look, there's a small piece of your birthday cake left," she said.

Maman ouvrit le frigo pour prendre le lait.
– Regarde, il reste une petite part de ton gâteau d'anniversaire.

Jimmy jumped to his feet. "Yeah, can I have it? It was so tasty!"

Jimmy se leva d'un bond.
– Ouais, puis-je l'avoir ? Il était si savoureux !

At that moment, his brothers entered the kitchen.
À ce moment, ses frères entrèrent dans la cuisine.

"Did you say cake?" asked the middle brother.
– Tu as dit gâteau ? demanda le frère cadet.

"I'd like a piece," added the oldest brother.
– J'en voudrais une part, ajouta l'aîné.

Their father followed them. "Is this a…birthday cake?"
Leur père les suivit.
– Est-ce un… gâteau d'anniversaire ?

Mom smiled softly. "Ahh…there is actually a tiny little piece left. And there are five of us."
Maman sourit tendrement.
– Ah… En fait il ne reste qu'une toute petite part. Et nous sommes cinq.

Jimmy looked at his loving family and felt a warm feeling spread from his heart. He knew what he needed to do and it felt so good.

Jimmy regarda sa famille aimante et sentit une sensation chaleureuse se propager depuis son cœur. Il sut ce qu'il devait faire et c'était si bon.

"We can share," he said. "Let's cut it into five pieces."

– On peut partager, dit-il. Coupons-le en cinq parts.

All the members of the bunny family nodded their heads. Then they sat around the table and everyone enjoyed a piece of birthday cake and a hot chocolate.

Tous les membres de la famille lapin hochèrent la tête. Puis ils s'assirent autour de la table et tout le monde savoura un morceau du gâteau d'anniversaire et un peu de chocolat chaud.

Jimmy glanced at their smiling faces and thought, *Sharing can actually feel very nice after all.*

Jimmy jeta un coup d'œil à leurs visages souriants et pensa : partager peut en fait être très sympa après tout.

When they finished, Mom came to Jimmy and gave him a huge hug. "Happy birthday, honey," she said.

Quand ils finirent, maman s'approcha de Jimmy et lui fit un énorme câlin.
– Joyeux anniversaire, mon chéri, dit-elle.

The two older brothers and their dad gathered around them and shared the family hug.

Les deux plus grands frères et leur père se rassemblèrent autour d'eux et partagèrent le câlin familial.

"Happy birthday, Jimmy," they screamed together.

– Joyeux anniversaire, Jimmy, crièrent-ils ensemble.

Jimmy smiled. "Do you want to play with my toys?" he asked his brothers. "I have a new train and new superheroes."

Jimmy sourit.
– Voulez-vous jouer avec mes jouets ? demanda-t-il à ses frères. J'ai un nouveau train et de nouveaux super-héros.

"Yeah! Let's play!" shouted the bunny brothers.

– Ouais ! Allons jouer ! crièrent les frères lapins.

Together Jimmy and his brothers built a perfect rail trail. The train whistled and ran fast around the track.

Ensemble Jimmy et ses frères construisirent un chemin de fer parfait. Le train siffla et roula rapidement sur le circuit.

Then they opened the presents and played with all their toys.

Ensuite ils ouvrirent les cadeaux et jouèrent avec tous leurs jouets.

From then on, Jimmy loved to share. He even said that sharing is fun!

À partir de cet instant, Jimmy adora partager. Il disait même que partager était amusant !

www.ingramcontent.com/pod-product-compliance
Lightning Source LLC
Chambersburg PA
CBHW061137070526
44584CB00033B/4344